Lehnin – mit Pflug und Kreuz

Teilweise abgebrochener Westteil der Klosterkirche, um 1870

Zwischen den Zeiten

Lehnin –
mit Pflug und Kreuz

Fotografien
von Angelika Fischer

Text
von Bernd Erhard Fischer

be.bra verlag
berlin. brandenburg

„ . . . wie muß denen dazumal gewesen sein
in der alten Zeit, die hier verirrten, und in der Wildnis
war kein Licht, keine Glocken und Gesang!"

Willibald Alexis

Inhalt

Im sanften Schwung einer Talmulde, umgeben von Seen und Wäldern, liegt Lehnin inmitten der Landschaft, die man von alters her *Zauche* nennt.

Dürrland – *Zucha* hieß sie schon bei den slawischen Siedlern, die hier einst in kleinen, ärmlichen Dörfern und weit verstreuten Fischerhütten lebten und den unzugänglichen Sümpfen das Nötigste zum Leben abrangen. Ihre Götter entstammten der wilden Natur. An Festtagen opferten sie Blumen, Früchte und Tiere, auch Nägel und Haare des eigenen Körpers. Im Jahr 1063 soll gar der Kopf des Bischofs Johann von Brandenburg dem Götzen Radegast dargebracht worden sein. Der Hauptgott Triglaw, der mit seinen drei Köpfen die dreifache Ureinheit darstellte, hatte kurz zuvor der neuen Religion weichen müssen, die sich Christentum nannte und vorgab, den einzigen Weg zur Seligkeit zu kennen. Deutsche Eindringlinge hatten das Spree- und das Havelland mit Waffengewalt erobert und Brandenburg, das alte slawische Heiligtum *Brennabor*, zu ihrer Hauptstadt gemacht.

An den unzugänglichsten Orten, dort wo der Mücken, der Schlangen und der Bären wegen kein Mensch leben wollte, tauchten seltsame Heilige auf, Männer in langen, weißen Gewändern mit schwarzen Kapuzen, gefolgt von Trägern brauner Kutten, die ihnen die schwersten Arbeiten abnahmen.

Sie nannten sich *Zisterzienser*, nach Cistercium, dem Gründungsort ihres Ordens im südlichen Frankreich, und bildeten die fleißige Vorhut der weltlichen Mächte, die schon bald neue Dörfer und Städte gründen sollten, in denen man Deutsch statt der wendischen Dialekte sprach. Wo die frommen Männer erschienen, wuchsen hölzerne Bauten empor, Schlafhäuser, Werkstätten, eine schlichte Kapelle, da wurden Gräben gezogen, Sümpfe entwässert, Wälder gerodet, und schon bald zeugten Gärten und Kornfelder vom Segen der Arbeit.

In den Kaltenhausener Bergen bei Lehnin fand sich gute Ziegelerde, und so machten die hölzernen Provisorien schon bald soliden Backsteinbauten Platz: Klausur, Dormitorium, Pförtnerhaus, Gästehaus und eine würdevolle Klosterkirche, deren spitzer Dachreiter weithin sichtbar das geistliche Zentrum der Zauche anzeigte. Seit der Gründung des ältesten

Zisterzienserklosters in der Mark Brandenburg um 1180 sind mehr als achthundert Jahre vergangen und mit ihnen der Glaube an den überschaubaren, linearen Lauf der Geschichte. Historiker haben Detail auf Detail gehäuft, Archivare Gebirge von Dokumenten und Urkunden, Dichter haben den Mut zur Spekulation gefunden – am Ende blieb alles ein verwirrendes Mosaik aus Dichtung und Wahrheit, aus Legenden und Sagen, die sich wie Efeu um das starre Faktengerüst winden.

Wer heute von der vielbefahrenen Hauptstraße der Ortschaft Lehnin aus das Klostergelände betritt, sieht vor sich das Ergebnis einer über hundertjährigen Rekonstruktion. Noch Theodor Fontane fand nur wildromantische Ruinen:

„… die ganze Poesie des Verfalls, den alten Zauber, der überall da waltet, wo die junge Natur das zerbröckelnde Menschenwerk liebevoll in den Arm nimmt."

Heute schwingt sich der gepflasterte Weg harmonisch unter alten Bäumen zwischen dem rekonstruierten *Königshaus* und dem historisierend wieder aufgebauten Klausurgebäude zur Klosterkirche. Irgendwoher weht Gesang. Ein gläserner Ton vom Dachreiter verbreitet Sonntagsstimmung. Das Innere der Kirche beeindruckt durch seine pure Größe. Himmelhoch das gotische Kreuzgewölbe, gestützt von schlanken Backsteinpfeilern. Vor dem reichverzierten, geschnitzten Altar, in den Stufen zum Chor, überrascht ein hölzerner Einschluß, ein Baumstumpf aus alter Zeit, der Legende nach mit der Gründung des Klosters verbunden.

Am Ende des langen Mittelganges, zu beiden Seiten des Westgiebels, erzählen zwei düstere Gemälde eine schauerliche Geschichte: Ein Mönch, offenbar der Abt, wird mit Dolchen, mit Äxten und Forken bedroht. Auf einem der Bilder stürzt er zu Boden und sucht sein blutüberströmtes Gesicht vor den Schlägen, den Stichen zu schützen. Neben ihm liegen seine Kappe, ein Buch und ein Schlüsselbund. Daneben ein Baumstumpf und ein frisch gefällter Stamm. Im Hintergrund sind Mönche zu sehen, die aus dem Kloster fliehen. Ihnen erscheint die Heilige Jungfrau und ruft ihnen zu: *Redeatis! Nihil derit vobis! (Kehret um! Es soll Euch an nichts mangeln!)*

Das Leben der Mönche scheint also nicht immer friedlich verlaufen zu sein.

Eine zweite Inschrift klagt an, daß Sibold, der erste Abt, vom Slawenvolk erschlagen worden sei. Tatsache oder nur eine Sage? Die Poesie gesteht ihnen gleichrangig Wahrheit zu.

Der Westgiebel der Klosterkirche

Südliches Längsschiff der Kirche

Im westlichen Teil des Kirchenschiffs

Von Bäumen und Mönchen

Am Saum der Geschichte beginnt die Legende. Przybyk Pulkava, böhmischer Geschichtsschreiber des 14. Jahrhunderts, führt uns zurück ins Jahr 1179: Otto I., Markgraf von Brandenburg, durchstreift mit seinem Troß die Zauche. Der Askanier liebt diese undurchdringliche Wildnis aus Eichen, Erlen und Schilf, wo noch reiche Jagdbeute zu finden ist. Vor den Wenden hat er keine Angst. Als Sohn ihres Bezwingers Albrecht, den man *den Bären* nannte, wird er einen zweiten Aufstand wie den von 1066 zu verhindern wissen. Besonders eine Gegend hat es ihm angetan. Wasser und Land gehen hier fast ineinander über. Sieben Seen gruppieren sich um eine feuchte Senke, über der Reiher aufsteigen und der metallische Ruf der Schwäne klingt. Munter prescht er voran, sein Gefolge weit hinter sich lassend, bis er eine schmale Landzunge erreicht, die in einen See hinausführt. Hier steigt er ab, um sich im Schatten eines Baumes auszuruhen. Die Hitze macht schläfrig, schon sinkt er ins Gras. Aber es ist kein erholsamer Schlaf, mehr ein Alptraum, der ihn überkommt: Eine riesige Hirschkuh ist aus dem Dickicht getreten und umkreist ihn argwöhnisch. Er greift zu Pfeil und Bogen. Das Tier dringt mit gesenkten Hörnern auf ihn ein. Den nahen Tod vor Augen, ruft er die heilige Mutter Gottes an und läßt den Pfeil vom Bogen schnellen. Der Pfeil durchbohrt die Hirschkuh, und Otto erwacht vom eigenen Schrei. Schweißgebadet sieht er sich umringt von den Getreuen. Sie beraten, was zu tun sei. Die Hirschkuh, zweifellos ein Todessymbol, könnte auf ein nahes Verhängnis deuten. Die Slawen? Doch hatte der Markgraf nicht den Beistand der heiligen Jungfrau erhalten? Man bedrängt Otto, eine Burg zu errichten, genau an diesem Punkt, um die teuflischen Wenden abzuwehren. Aber der Markgraf lächelt traumversunken und entgegnet, eine Burg wolle er schon gründen, aber eine Festung Gottes, ein Kloster solle es werden. Denn nur mit der Hilfe des Herrn könnten die Feinde des Christentums besiegt werden.

Zurück in der Residenz, läßt er im Kloster Sittichenbach bei Eisleben nach den Zisterziensermönchen rufen, die zweifellos die geeignetsten Pioniere für das wilde Land sind. Und sie folgen seinem Ruf: Zwölf Mönche, Sibold, der Abt, und zwölf Laienbrüder. Den

Baum, unter dem der Markgraf träumte, umbauen sie behutsam, bis sich das Kirchendach über seinem Wipfel schließt. Noch heute zeugt der Baumstumpf in den Stufen davon. So die Legende.

Das Land erblüht unter den fleißigen Händen der Mönche, und Sibold bezieht auch die slawischen Siedler in das großangelegte Kultivierungswerk mit ein. Einige bekehren sich sogar zum neuen Glauben, wie einst ihr Wendenfürst Pribislav, der den Askaniern das Land geöffnet hatte. Doch unterschwellig verfluchen sie die Kuttenträger, die ihnen immer neue Dienste abfordern und selbst ganz offensichtlich ein Wohlleben führen. Sogar die Frauen sind ja nicht sicher vor ihnen! Als Sibold, begleitet von einem der Mönche, seine Visiten macht, tritt er, von der langen Wanderung ermattet, in eine ärmliche Hütte im Dorf Nahmitz ein. Drinnen ist es merkwürdig still. Waren nicht eben noch zwei Kinder vor dem Haus? Der wohlbeleibte Abt nimmt auf einem umgedrehten Waschzuber Platz, ohne zu ahnen, daß darunter die Fischersfrau hockt, die sich vor den berüchtigten Mönchen versteckt

hat. Wenig später ist draußen auf dem Dorfplatz ein schrecklicher Tumult zu hören. Durch das winzige Fenster der Hütte sieht Sibold eine abenteuerliche Schar bewaffneter Männer zusammenströmen. Die Kinder hatten nichts besseres zu tun, als zum See zu laufen und den Fischern zuzurufen, daheim wäre der Abt und säße auf der Mutter! Mit Forken, Knüppeln und Äxten, Rudern und Dreschflegeln dringen sie auf die Kate ein. Sibold, in blanker Angst, schickt seinen Klosterbruder um Hilfe aus und eilt, so gut er kann und Haken schlagend, in den Wald, wo er am dichtesten ist. Immer näher hört er die Verfolger kommen. Der einzige Ausweg: ein hoher Eichenbaum, in dessen Laub man ihn nicht sehen kann! Schnaufend arbeitet sich der dicke Abt hinauf und wähnt sich fast in Sicherheit. Doch am Fuß des Baumes funkelt der Schlüsselbund, den er verloren hat. Schon dröhnen die Äxte. Einige Mönche sind herbeigeeilt und ringen die Hände, versprechen den Segen des Allmächtigen, Gold und Silber und vieles mehr. Aber die Wut ist stärker. Der Baum liegt schnell am Boden, daneben der zitternde

Sibold, der erste Abt in Lehnin

Sibold, den sofort die ersten Hiebe treffen. Wenig später ist er erschlagen. Dieser Mord, in vielen Versionen erzählt, hat sich vermutlich um das Jahr 1185 zugetragen.

Weniger wahrscheinlich mutet das Schicksal des Eichenbaums an, den die Wenden gefällt hatten. Jahrhundertelang, so heißt es, habe der Stamm neben dem Stumpf gelegen, ohne die leiseste Spur von Verfall. Er galt als verhext, bis ein Müller ihn holte und daraus eine neue Welle für seine Windmühle drechseln ließ. *„Wind und Teufel mahlen gut"*, soll er den gaffenden Dörflern entgegnet haben. Die neue Welle arbeitete wirklich gut, aber schon beim nächsten Sturm lief sie so heiß, daß Flammen heraus schlugen und die Mühle verbrannte.

Historiker haben es schwer mit der Vitalität solcher Geschichten. Wie ernüchternd wirkt doch die Realität: Der Baumstumpf des Markgrafen Otto in der Lehniner Klosterkirche, das ergaben Grabungen im Jahr 1876, wurzelt keineswegs in der Erde. Es handelt sich vielmehr um ein glatt beschnittenes Holzstück, das in Leinen gewickelt und mit Lehm umhüllt in den Kirchenboden gesenkt wurde. Auch die Namensgebung Lehnins nach *Lanye*, dem slawischen Wort für *Hirschkuh*, ist inzwischen zweifelhaft geworden.

Sibolds Grabstein verschwand schon vor Fontanes Zeiten aus der Klosterkirche. Nur die beiden Bilder sind geblieben. Sie weisen den Weg in die Vergangenheit.

Torweg durch das Abtshaus zum Wirtschaftshof

Kindergrabstein über dem Torweg

Das Tetzeltor

Klostermauer im Wirtschaftshof

Kornhaus, Elisabethhaus und Kirche

Am Kornhaus

Otto I. hatte recht behalten. Die fromme Siedlung erwies sich schon bald als die bessere Wahl anstelle einer starren und kostspieligen Festung. Es lag ein Segen auf dem Wirken der fleißigen Männer, die unter dem Leitspruch *Ora et labora – Bete und arbeite* in die Sümpfe zogen und in mühevoller Arbeit die feuchten Wiesen entwässerten, Gräben, Wehre und Brunnen anlegten und so der Wildnis fruchtbaren Ackerboden abrangen. Nach alter Benediktinerregel wollten sie die Lust des Fleisches überwinden und ihrem Gott gefällig leben durch Arbeit, Predigt und Mission. Doch wie von selbst wuchs unter ihren Händen schon bald ein stattliches Vermögen heran. Der Markgraf hatte das Kloster zur Erbbegräbnisstätte seines Geschlechtes gewählt und dies mit großzügigen Schenkungen verbunden. Durch kluges Wirtschaften erwarb Lehnin viele Dörfer, Feldmarken und Seen hinzu.

1375 gehörten schon zweiundzwanzig Ortschaften in der Zauche, darunter auch Werder, zehn Ortschaften im Niederbarnim und sieben im Teltow zum Besitz des Klosters. Hinzu kamen noch das Loburger Gebiet westlich der Zauche und etliche Güter im Havelland. Bei der Aufhebung des Klosters schließlich, im Jahr 1542, war dieses Vermögen auf vierundsechzig Dörfer, dreiundachtzig Hufen Ackerland, neunzehn Wind- und sechs Wassermühlen, vierundfünfzig Seen mit ihren Fischereirechten, vierzehn Forsten sowie zahlreiche Weinberge, Gärten, Wiesen, Höfe und Häuser angewachsen. Zu Beginn mögen es nicht mehr als etwa dreißig Mönche gewesen sein, die in Lehnin lebten. In strenger Hierarchie hatten sie die Arbeit unter sich aufgeteilt: Die Mönche trugen eine weiße Sutane mit schwarzwollenem Gürtel und ebensolcher Kapuze. Ihre Aufgabe lag vor allem in der Missionstätigkeit, in der Wissenschaft, in Lehre und Gebet. Den handfesteren Teil der Arbeit taten die Konversen. In schlichter, brauner Kutte besorgten sie alle Geschäfte außerhalb des Klosters sowie die groben, körperlichen Arbeiten, worin sie von den Novizen, den neu aufgenommenen Klosterbrüdern, unterstützt wurden. Eine Zwischenposition hatten die Akoluthen inne, jene mönchischen Priester, die noch nicht die vollen Weihen empfangen hatten. Gemeinsam wählte der Konvent den Abt, der als Herr über das Klostergeschehen gleichsam fürstliche Macht besaß.

Aus der Wahl gingen auch seine Stellvertreter, Prior und Subprior, hervor, sowie einige wichtige Klosterbeamte wie der Cellerarius (Kellermeister) und der Bursarius (Schatzmeister), der Rent-, Hof- und der Stallmeister. Der Abt, der bei festlichen Anlässen im Bischofsornat mit der Mitra, dem Pallium und dem Krummstab vor seine Untergebenen trat, kümmerte sich auch um die politischen Angelegenheiten seines Konvents und stand dem Bischof von Brandenburg für diplomatische Missionen zur Verfügung.

Im strengen Rhythmus ihrer Ordensregel, die ihnen sieben Gottesdienste täglich abverlangte, lebten die Mönche ein karges, doch gottgefälliges Leben in strenger Keuschheit und bei bescheidener Diät: Gemüse, Buchenblätter, Schwarzbrot – und das nur zweimal täglich. Fleisch und Fett gab man nur den Kranken, Fisch, Eier, Milch und Käse kamen nur zu besonderen Anlässen auf den Tisch.

Über die Keuschheit wachte der Abt mit besonderer Strenge: Vom Abtshaus, das 1262 erbaut worden war, führte ein schmaler Gang über die Empore der Kirche direkt in die Schlafsäle der Mönche.

Es gab kaum einen Wirtschaftsbereich, in dem die Zisterzienser nicht erfolgreich waren. Neben den Wind- und Wassermühlen stand der Obst- und Gemüseanbau im Mittelpunkt: Erbsen und Bohnen, Mohn, Hopfen und Senf von den Klostergärten gingen auf alle Märkte, aber auch Obst und ein ziemlich saurer Wein, von dem es schon damals hieß: *„Märkischer Wein geht durch die Gurgel wie eine Säge."* Im Kloster selbst florierte die Bierbrauerei. Gewerbebetriebe machten dem städtischen Handwerk Konkurrenz. Man fertigte Kleidung und Schuhe und importierte Waren aus dem Rheinland, aus Frankreich und Italien.

Ohne Bedenken betätigten die Äbte sich auch als Geldverleiher und halfen manchem Landesherrn mit niedrigen Zinsen durch die Ebbe im Staatshaushalt.

So konnte man schon 1195 mit dem Bau einer neuen, würdigen Klosterkirche beginnen. Eine großzügige Schenkung des Bischofs von Brandenburg hatte dies möglich gemacht. Auf einem Feldsteinsockel wuchs in strenger Ost-

West-Achse ein hoher Backsteinbau in spätromanischem Stil, dessen Grundriß die Form eines griechischen Kreuzes hatte. Über dem Westportal stand ein steinernes Bildnis der Namenspatronin, der heiligen Jungfrau Maria.

Als der Klosterbaumeister Conradus fünfundsiebzig Jahre später den Erweiterungsbau vollendete, hatte sich längst der Zeitgeist gewandelt. Das Kirchenschiff, nun doppelt so weit nach Westen verlängert, trug jetzt gotische Formen und gab dem Grundriß die Gestalt des lateinischen Kreuzes. Schon im Mittelalter also ging man recht eigenwillig mit historischer Bausubstanz um.

Schnell wuchs der Konvent auf mehr als sechzig Seelen an und erwarb damit das Recht auf Gründung von Tochterklöstern. Abt Heinrich II. gründete 1235 auf damals polnischem Boden das Kloster Paradies, bei Meseritz, und dessen Nachfolger, das Tochterkloster Mariensee, bei Parstein, das später nach Chorin verlegt wurde. Auch Himmelpfort, bei Templin, geht auf die Lehniner Äbte zurück.

Ein Netzwerk des Glaubens hatte sich über das Land gebreitet. Mit ihm festigten sich auch die Macht und der Ruhm der askanischen Markgrafen, die sich im Mutterkloster Lehnin zur letzten Ruhe betten ließen. Einer von ihnen, Otto der Kleine (Ottoko), war sogar selbst als Akoluth ins Lehniner Kloster eingetreten, nachdem er schon mit zweiundzwanzig Jahren seine geliebte Gemahlin Hedwig, eine Tochter des österreichischen Königs Rudolph, verloren hatte. Otto der Kleine starb am 6. Juli 1303.

Einzig sein Grabstein ist in der Klosterkirche erhalten. Von den anderen, angeblich elf askanischen Herrschern, die dort begraben waren, fand man weder Grabsteine noch sonstige Überreste. Wieder einmal verblaßt die Geschichte und macht der Legende Platz.

Detail am Westgiebel der Kirche

Der gotische Westgiebel der Kirche

Der Fluch der Idylle

Die abgeschlossene Welt des Klosters, die Harmonie und Gottesfurcht erwiesen sich als trügerisch. Hinter der Idylle gärten menschlicher Ehrgeiz und Neid um nichts weniger als in der Außenwelt. Eine starke Fraktion, die ihren konspirativen Sitz im Loburger Klosterhof hatte, wartete nur auf das Ableben des Abtes Johann III., um die Macht im Kloster zu übernehmen. Entgegen den Ordensregeln zwangen sie dem Konvent Nicolaus, einen Abt ihrer Wahl, auf. Mit seinem Amtsantritt 1322 wehte ein neuer Wind: Wer gegen sittliche Verwahrlosung, gegen Korruption und Unterdrückung aufbegehrte, wurde drangsaliert, bis er sich unterordnete oder das Kloster verließ. Einer, der es vorzog zu gehen, war der Cellerarius, Frater Dietrich von Portitz. Er verfügte über gute Beziehungen zum böhmischen Kaiser Karl IV. Der Kaiser hatte ihn seit seinem überraschenden Besuch in Lehnin ins Herz geschlossen, war es doch Dietrich gewesen, der die kaiserliche Abendmahlzeit gerettet hatte. Ein toller Bursche, dieser Kellermeister, der auch unter dem Spitznamen *Kagelwit* bekannt war! Als der Herrscher mit seinem Gefolge überraschend erschien, hatte

Kagelwit entsetzt die leeren Speisekammern bemerkt. Kein Fleisch im Hause, was nun? Ohne zu zögern ging er mit einem scharfen Messer in die Schweineställe und schnitt den ängstlich quiekenden Tieren die Ohren ab. Gekocht mit dicken Erbsen gab das eine deftige Schweinsohrensuppe.

So einer hält es nicht aus in einer von Mißgunst und Terror vergifteten Atmosphäre. Der Kaiser nahm Dietrich gern in seine Dienste und wußte seinen Günstling zu fördern.

Als 1329 der Bischof einen Ketzerrichter für einen Prozeß gegen einige Teufelsanbeter suchte, schickte Karl IV. seinen Kagelwit aufs Gericht nach Angermünde. Da ging es nicht nur ums Ohrenabschneiden. Als Richter gegen die Mörder des Abtes von Bernau hatte er schon bald Gelegenheit, seine juristische Laufbahn fortzusetzen, Auftakt nur zu einer noch steileren Karriere:

Ernannte ihn der Papst während eines Aufenthalts in Rom zum Stellvertreter des Bischofs von Sarepta, stieg er 1353 zum Bischof von Minden auf. Seit 1355 hielt er sich als erster geheimer Rat ständig am kaiserlichen Hof auf, der ihn schließlich zum Probst von

Wisserad und obersten Kanzler von Böhmen ernannte. Als solcher führte er des Kaisers Truppen gegen den Bayernherzog Albrecht. 1361 wurde Dietrich Erzbischof von Magdeburg und durfte den neuen Dom einweihen. Als Bauherr der Saalebrücke und des Giebichensteins bei Halle war er zu höchstem Ansehen bei Volk und Kaiser aufgestiegen.

Im heimischen Lehnin ging unterdessen der Händel weiter und nahm groteske Formen an. Die Klostergüter wurden verpfändet und verschleudert, um den neuen Äbten und ihren Vasallen ein Wohlleben zu ermöglichen. Voller Übermut trieben diese den seit Jahren schwelenden Streit mit dem benachbarten Landadel auf die Spitze. Als der Ritter Falko mit einigen Getreuen Quartier im Schutz der Klostermauern zu finden hoffte, ahnte er nicht, daß er in eine Mörderhöhle geraten war. Kaum ruhten die Gäste, schickte Hermann von Pritzwalk, der Anführer der *Loburger Partei*, seine Vasallen in ihre Zimmer. Die Schlafenden wurden umgebracht. Zwei Diener des Ritters, die sich schwer verwundet in einem Winkel versteckt hatten, wurden von Hermann persönlich hervorgezerrt und den Schlächtern übergeben. Ihre Waffen nahm er an sich, und er hatte reichlich Gelegenheit, sich ihrer zu bedienen, denn nun brach eine blutige Fehde mit Falkos Sippe aus, die schon bald zu einem handfesten Kleinkrieg heranwuchs. Das Kloster mußte eine Söldnerarmee zusammenstellen. Hermann, der sich längst zum Abt gemacht hatte, führte ein sengendes und mordendes Heer aus Landsknechten und bewaffneten Kuttenträgern ins Feld.

Niemand wagte es, sich ihm entgegenzustellen. Seinen Botschafter, Dietrich von Ruppin, der dem Papst, statt ihn zu besänftigen, von den wahren Vorgängen im Kloster berichtete, warf er neun Monate lang in den Kerker, sein Begleiter, ein unschuldiger Konverse, wurde ermordet. Ein seltsamer Handel mit dem Papst brachte Hermann schließlich dessen Absolution: Der Papst war nicht gewillt, den Nachfolger der ausgestorbenen Askanier, den bayerischen Markgrafen Ludwig, als neuen Herrscher in der Mark anzuerkennen. Wenn Hermann diesem die Gefolgschaft verweigern würde, stünde seinem Seelenheil nichts mehr im Wege …

Die Zwistigkeiten mit dem Landadel, den Quitzows und Rochows, sollten allerdings noch Generationen überdauern. Der Frieden in Gott, den die Mönche gesucht hatten, war längst im Hader der Politik zerrieben worden.

Der Hungerturm „Kuhbier" an der Klostermauer

Blick vom Kornhaus auf die Torkapelle

Südgiebel des Kornhauses

1617. Das alte Kloster dient längst als kurfürstliches Amt der Verwaltung und Gerichtsbarkeit. Paul und Merten Grenzel, zwei Kossäten aus Rädel, fungieren als Hilfspolizisten. Sie sollen einen Dieb bewachen, den man auf frischer Tat ertappt hat und der in der *Apfelkammer* auf dem oberen Kreuzgang sein Verhör durch den Amtshauptmann von Rochow erwartet. Nun stehen die beiden auf dem Gang und langweilen sich. Merten klopft neugierig die alten Wände ab. Da klingt es hohl! Er greift sich einen losen Stein, mit dem sich mühelos ein Loch in den mürben Putz schlagen läßt. Zum Vorschein kommen goldbetreßte Gewänder, grüner Samt und schimmernde Meßgefäße. Darunter ertastet sein ausgestreckter Arm Bücher, viele, viele Bücher! Er holt eins hervor und schlägt es auf. Die altertümlichen Lettern kann er nicht lesen, aber die bunten Bilder ziehen ihn magisch an. Schnell reißt er einige Seiten heraus und versteckt dann den Fund wieder im Mauerloch, das er mit dem Stein verschließt. Schweigende Übereinkunft: Man wird wiederkommen und den Schatz nach und nach umlagern, ohne Aufheben davon zu machen.

So oder so ähnlich besiegelte sich das Schicksal der Lehniner Klosterbibliothek oder zumindest eines kleinen Restes derselben, der in seinem Versteck die Wirren der Reformation überlebt hatte. Valentin, der letzte Abt, war noch stolz gewesen auf die vielen Tausend Bände. Als er 1509 sein Amt antrat, stand Lehnin in der Blüte seines geistigen Lebens und er konnte nicht ahnen, daß schon bald ein Sturm über die christliche Welt hinwegfegen sollte. Die neue Lehre, die die Regeln der Väter, ja den Willen Gottes in Frage zu stellen wagte, kam aus Wittenberg. Da hatte der Mönch Martin Luther mit seinen Thesen gegen den Ablaß eine Lawine der Ketzerei losgetreten. Wie ein Lauffeuer verbreiteten sich die Irrlehren; ein Riß ging durch die ganze Gesellschaft. Selbst die kurfürstliche Ehe war nicht gefeit.

Kurfürst Joachim I. lag in heftigem Streit mit seiner Gattin Elisabeth, die zum protestantischen Glauben übergetreten war. Der Bischof von Brandenburg schickte den treuen Abt Valentin nach Wittenberg, um den *Mönchischen Lärmen* in die Schranken zu weisen. Solange der Fürst selbst zum alten Glauben stand, konnte das Kloster nach den alten Regeln fortbestehen,

Kornhaus

obwohl überall im Land bereits protestantische Geistliche predigten. Aber schon der Nachfolger des Kurfürsten, Joachim II., war selbst bekennender Lutheraner. Kaum war der Abt 1542 verstorben, verkündete er die endgültige Aufhebung des Klosters und die Umwandlung in ein landesherrliches Amt.

Die Mönche murrten nicht einmal. Schon lange nagte der Zweifel an ihrer Glaubensfestigkeit. Im Vorjahr hatten die Visitatoren des Kurfürsten die erschreckende Unkenntnis der Klosterbrüder in allen Religionsfragen beklagt. Man stellte eigens einen Lehrplan für die Mönche auf, um das Versäumte wenigstens ansatzweise nachzuholen! Die dachten mit viel größerer Sorge an ihr leibliches Wohl nach der Klosteraufhebung, und deshalb unterbreiteten sie dem Kurfürsten ihren Speisewunsch: Unbedingt notwendig wären vier Gerichte zu Mittag, abends deren drei, darunter mindestens dreimal in der Woche Fisch. Mit Kleidung und Nahrung reichlich ausgestattet, entließ der Landesherr die letzten Zisterzienser in die Welt.

Die Bibliothek mit all ihren theologischen, philosophischen und wissenschaftlichen Werken verschwand nach und nach auf dunklen Wegen. Nur einen Rest davon fanden Paul und Merten Grenzel fünfundsiebzig Jahre später in dem Mauerloch. Stück für Stück plünderten sie den Schatz und verteilten ihn an Freunde und Verwandte. Die bunten Blätter, fanden sie, eigneten sich gut zu *Wockenbinden* am Spinnrad. Paul Grenzels Frau fertigte sich Brustlappen aus den Meßgewändern. Den grünen Samt tauschten sie gegen zwei Ferkel an die Witwe Blasi. Eine Magd Paul Grenzels stibitzte ein wenig von dem kostbaren Stoff und geriet darüber in Streit mit Luise Grenzel. Das Gezeter machte das ganze Dorf aufmerksam, die Sache wurde ruchbar, und Paul und Merten kamen vor Gericht.

Peinlicherweise fand die Untersuchungskommission sogar beim Amtshauptmann von Rochow einige der wertvollen Bücher. Doch die Lehniner Klosterbibliothek blieb verschollen und mit ihr auch das einstmals reiche Archiv mit seinen Urkunden, Diplomen, Verträgen und Korrespondenzen. Einige Dokumente tauchten überraschend 1786 in einem Kästchen, in einem sonst leeren Sarg auf. Ein Pergamentband mit bischöflich beglaubigten Abschriften lagert noch heute in einem Potsdamer Archiv, einige Urkunden im Geheimen Staatsarchiv zu Berlin – bescheidene Zeugen der geistigen Blüte des Mittelalters.

In der Klosterkirche

Blick zur Apsis

Giebel des Königshauses

Die Gartenseite des Königshauses

Ein Schloß für den Kurfürsten

Friedrich Wilhelm, der Große Kurfürst, war des Krieges überdrüssig, als er dem Amtshauptmann von Rochow den Aufrag erteilte, das ehemalige Kloster zu einem Jagdschloß umzubauen. Seit nahezu dreißig Jahren verwüsteten abwechselnd die kaiserlichen und die schwedischen Truppen das Land, raubten, plünderten, mordeten und hinterließen verbrannte Erde. Auch Lehnin hatte wiederholt unter diesen Überfällen gelitten, wozu die hartnäckigen Gerüchte, im Kloster seien sagenhafte Schätze verborgen, nicht unwesentlich beigetragen hatten. 1647, ein Jahr vor dem endgültigen Friedensschluß, entsann sich der Kurfürst der Hirsche und Reiher, der Wälder und Seen in der Zauche. Mit seiner jungen Gemahlin Luise Henriette von Oranien suchte er Ruhe und Abgeschiedenheit. Obgleich er die beträchtliche Bausumme sogleich genehmigt hatte, zog sich die Arbeit über Jahre hin. Über dem westlichen Teil der Klausur entstand allmählich ein massiver, zweistöckiger Bau mit einem Walmdach und mit Messingkugeln auf zwei Ecken. Der Haupteingang befand sich in einem hohen, viereckigen Turm, in den keine Treppe, sondern ein schräger Wendelgang hinaufführte. Immer wieder zog sich der Kurfürst allein oder mit seiner Familie hierhin zurück. Luise Henriette, die ihm zwei Söhne geboren hatte, war trotz ihrer schwachen Gesundheit eine eifrige Streiterin für die öffentliche Wohlfahrt. Noch 1665 hatte sie in Oranienburg das erste Waisenhaus der Mark Brandenburg eröffnet. Um so schmerzlicher traf es Friedrich Wilhelm, als sie im Mai 1667 völlig erschöpft und sterbenskrank von einer Reise zurückkehrte. Der Kurfürst war ihr mit den beiden Söhnen bis Ziesar entgegengeritten. Man brachte sie auf einem Sessel in ihre Gemächer im Obergeschoß des Lehniner Jagdschlosses. Dort nahm sie Abschied von den erschütterten Söhnen und bat um ihre Verlegung nach Berlin, wo sie am 19. Juni verstarb.

Nicht zuletzt dieses Erlebnis vertiefte die Verbundenheit des Kurfürsten mit Lehnin. Längst war das bescheidene Klosterdorf zu einer großen Ortschaft herangewachsen. Immer mehr Handwerker siedelten sich an. Sie stießen zunächst auf eisige Ablehnung bei der alteingesessenen Bevölkerung und konnten nur unter großem Einsatz des Landesherrn integriert werden. Das *Falkonierhaus*, das einst den Jägern des Fürsten zum Quartier gedient hatte, ließ er zur Schule für die beträchtlich gewachsene Kinderzahl des Ortes herrichten. Selbst das Gotteshaus profitierte vom Engagement Friedrich Wilhelms, der eine erste Restaurierung anordnete und auch die von marodierenden Soldaten zerschlagene Kirchenuhr reparieren ließ.

So erwies sich der Einfluß der Hohenzollernfürsten als gleichbleibend segensreich für Lehnin, auch wenn die Einwohner des Ortes dies nicht immer wahrhaben wollten. Als Friedrich I., Sohn des Großen Kurfürsten und späterer König von Preußen, einige Schweizer Kolonisten ins Land holte, um die seit dem großen Krieg immer noch brachliegenden Bauernstellen zu besetzen, brach ein Sturm der Empörung los. Zudem waren es *Reformierte*, die sich da anschickten, das altehrwürdige Klostergut unter sich aufzuteilen. Ihre strengen, calvinistischen Lehren sollten sie getrost für sich behalten! Der König sah

sich gezwungen, eine Trennmauer mitten durch die Klosterkirche zu bauen, um Übergriffe auf die Neuankömmlinge zu verhindern. Daß er sie aber für fünfzehn Jahre vom Militärdienst und sogar von allen Steuern befreit hatte, ließ sich nicht so schnell verdauen. Erklären konnte man sich das Privileg nur mit der *„Faulheit und angeborenen Trägheit"* der Schweizer, die es ihnen wohl unmöglich machten, Abgaben zu entrichten. Heimtückisch rächten sich die Märker: Wenn die Aushebungsoffiziere des Königs wieder einmal Ausschau nach kräftigen Bauernburschen hielten, spielten sie ihnen alkoholisierte junge Schweizer zu. Wenn diese sich erst in der Kaserne wiederfanden, mochten sie vergeblich ihre Wehrdienstbefreiung reklamieren.

Als der König 1713 starb, sank der Stern Lehnins rasch. Nur selten kam noch ein Hohenzollernfürst hierher. Erst eine Tragödie in Potsdam rief dem Soldatenkönig, Friedrich Wilhelm I., das alte Kloster in Erinnerung. Als nämlich 1727 im Potsdamer Militärwaisen-

Rekonstruktion des kurfürstlichen Schlosses

haus eine gefährliche Epidemie ausbrach, ließ er die Zöglinge, 172 an der Zahl, nach Lehnin evakuieren. Viele der Kinder und einige ihrer Lehrer starben wenig später dort und wurden auf dem Kaltenhausener Kirchhof begraben.

Niemand interessierte sich fortan mehr für die alten Lehniner Gemäuer. Als Kornboden, als Magazin und Stallungen zugrunde genutzt, als Steinbruch ausgeweidet, verfielen die Gebäude rasch. Schon 1790 war der ganze Baukomplex eine öde Ruine, durch deren blinde Fensterhöhlen der Efeu kroch. Lediglich der *Paradies* genannte Teil der Kirche diente noch als Leichenhalle.

Der Eingang zur Kirche, deren älterer, romanischer Teil den gotischen überdauert hatte, war zugemauert. Kräuter und wilde Blumen, Holunder und Dornengestrüpp eroberten Zoll um Zoll das Gelände zurück. Und mit ihnen begannen aufs Neue die Sagen und Geistergeschichten, die Hirngespinste der Phantasie zu wuchern.

Das Falkonierhaus

Giebel des Falkonierhauses

Eine düstere Prophezeiung

Wenn am preußischen Königshof der Name Lehnin fiel, dann war es den Herrschern meist unheimlich. Stammte nicht von dort die berüchtigte Weissagung, die den Untergang des Hohenzollernhauses heraufbeschwor? Selbst Kaiser Wilhelm II. hatte, wie es heißt, ungute Befürchtungen, auch wenn ihn das postulierte Schicksal gar nichts mehr angehen konnte. Da hatte sich um 1720 ein Papier gefunden, das angeblich auf einen Klosterbruder namens Hermann zurückging, der im 13. Jahrhundert gelebt haben sollte. In altertümlichen Versen, *leoninischen Hexametern*, verkündete diese Schrift den Untergang der Hohenzollern im 11. Geschlecht ihrer Herrschaft in Brandenburg, die Wiederherstellung Lehnins und der katholischen Glaubenshoheit. Den gottlosen, protestantischen Fürsten sei die gerechte Strafe für ihre Verirrungen, für Zwietracht und anhaltende Kriege beschieden. Das Strafgericht Gottes werde über die Völker hereinbrechen. Schließlich aber werde der Allbarmherzige die Gebete der Frommen erhören und bessere Zeiten anbrechen lassen.
Wer war jener Hermann? Ein Mönch mit literarischen Ambitionen? Ein Seher, der die politischen Ereignisse der Zukunft erkannte? Immerhin hatte er einige Fakten treffsicher vorhergesagt. Die militärischen Eroberungen des jungen Friedrich II. beschrieb er so: *„In Kurzem tobet ein Jüngling daher, während die große Gebärerin seufzet …"* Letzteres traf auf die österreichische Kaiserin Maria Theresia zu, die 15 Kindern das Leben schenkte und sehr unter Friedrichs Bedrängnis zu leiden hatte. Spätestens mit Friedrich Wilhelm III. sei die Herrschaft der Hohenzollern vorbei, raunte der anonyme Prophet:
„Und die alten Mauern Lehnins und
Chorins werden wieder erstehen
Und die Geistlichkeit steht wieder da
nach alter Weise in Ehren
Und kein Wolf stellt mehr dem edlen
Schafstalle nach."
Doch der König blieb, sein Nachfolger ebenfalls, und auch das katholische Zepter kam nicht nach Lehnin. Der Kaiser fürchtete sich dennoch. Sein abergläubischer Vorfahr Friedrich Wilhelm II. hatte sich das Dokument sogar nach dem Charlottenburger Schloß bringen lassen. Dort verschwand das Original auf rätselhafte Weise, hinterließ aber seine Spuren

in ungezählten Artikeln, Pamphleten und Deutungsversuchen. Kein Autor konnte das Rätsel aufklären. Man sprach von *Deutschfeindlichkeit* und *jesuitischer Tendenzschrift*, es regten sich Zweifel über die Echtheit des Textes, der ja angeblich aus einer Mauernische des alten Gemäuers stammte. Wer war also der Autor? Otto der Kleine, einziger Klosterbruder, der dem askanischen Hause entstammte und über die nötige literarische Bildung verfügt haben dürfte? Oder einfach nur ein konservativer Geistlicher des 17. Jahrhunderts? Der Lehniner Pfarrer Conrad Weiss stellte schon 1746 etliche Stilfehler fest, die auf eine wesentlich spätere Niederschrift schließen lassen. So blieb denn die Wahrheit bis heute ungewiß. Doch schwebte nicht der Aberglaube wie eine Wolke über dem Kloster? Friedrich Wilhelm IV., der das *Königshaus*, jenen schönen, alten Backsteinbau aus dem 14. Jahrhundert, von einem Schlachtermeister erwarb, mußte sich erzählen lassen, in jedem Pfeiler der Kirchenruine sei eine Nonne eingemauert! Auch spukte die *weiße Frau* herum, die Geliebte des frevelhaften Abtes Hermann von Pritzwalk. Seufzend suchte sie ihren Geliebten und klapperte mit dem Schlüsselbund. Gewiß, nur echte Lehniner

Kinder konnten sie sehen, nicht die zugereisten Schweizer, versteht sich! Besonders am *Kuhbier*, dem alten *Hungerturm* am Ende der stehengebliebenen Klostermauer, entzündete sich die Phantasie. Er barg gewiß schreckliche Geheimnisse. Es hieß, die Mönche hätten darin ihre Feinde grausam verschmachten lassen. Friedrich Wilhelm IV., der *Romantiker auf dem Thron,* war schon tot, als Nachforschungen Licht in so viele Gerüchte brachten. 1878 seilten sich zwei junge Burschen mit Leitern und Stricken ins Innere des Turmes ab. Sie stießen auf spitze Eisenschienen am Grund, darunter ein finsteres Kellerverlies.

Zwei Jahre zuvor hatten Grabungen in der Apsis der Klosterkirche mit der Legende aufgeräumt, hier lägen insgesamt elf Askanierfürsten und drei Hohenzollern begraben. Der Forscher Georg Sello fand lediglich vier aus großen Mauerstücken gebildete Gräber und darin größtenteils „... *regelloses Gebein und eine ganze Anzahl von Leichen*", lediglich im dritten Grab lag „... *ein deckelloser, eichener, mit dickem, schwarzem Stoff ausgeschlagener Sarg mit vier eisernen Ringen, aus welchem die Gebeine, an denen ebenfalls Reste des Zeuges hingen, herausgerissen waren; an der Westseite lag ein Schädel, an der Ostseite der Rest eines rötlich-blonden Frauenzopfes.*"

Flieder durchwurzelt einen Pfeiler des alten Kreuzganges

Sello schloß aus den ungeordneten Funden in diesen Massengräbern auf mehrfache Plünderung durch Grabräuber. Unterhalb der Orgel stieß er auf eine wohlerhaltene Frauenleiche „... *von zartem Knochenbau, in dunklem Gewande mit schwarzen Bandschleifen an den Handgelenken, wahrscheinlich natürlich rot-blondem, seidenweichem Kopfhaar, auf der Brust ein mit Blumen umwundenes Holzkreuzchen, ein Blumenkranz zwischen den Händen, und daneben ein zerbrochener Hornkamm ...*" Der Leichnam zerfiel bei der ersten Berührung zu Staub. Von den Gräbern der Askanierfürsten keine Spur. Dafür tatsächlich im Mauerwerk sonderbare Grabkammern in Körperform. Hatten die Schauergeschichten doch einen wahren Kern?

Der Geist der Romantik, aber auch das wiedererwachte Geschichtsinteresse brachten schließlich die Rettung für Kloster und Kirche. Der Kaiser persönlich befahl den Wiederaufbau am 18. Juni 1871 per Kabinettsorder.

Zunächst galt es, das Kirchenschiff wieder zu überdachen und die schlimmsten Schäden auszubessern. Schon am 21. Mai konnten die Geschichtsvereine der Städte Berlin, Potsdam und Brandenburg ihre Versammlung in den historischen Mauern abhalten. Es folgten das Kirchengestühl, die sandsteinerne Kanzel, die Orgel und die Leuchter. Lehnin war wiedererstanden, doch nicht, wie der mysteriöse Prophet es sich erträumt hatte. Die Hohenzollern herrschten noch immer.

Einer von ihnen, Kaiser Wilhelm II., erlebte sogar die Wiederbelebung des christlichen Auftrages: Am 8. Juli 1911 übernahm der Synodalverband der Provinz Brandenburg das restaurierte Klostergut, um ein Diakonissen-Mutterhaus zu gründen. Im *Luise-Henrietten-Stift* sollten, ganz im Sinne der frommen Kurfürstin, junge Mädchen in der Kranken-, Jugend- und Altenpflege geschult werden. Es gab wieder eine Zukunft.

Am Elisabethhaus

Wo Herr von Bredow die Hosen verlor

Am 17. Mai 1914 versammelten sich mehr als 250 Personen an einem Waldweg im Süden Lehnins, um ein Denkmal einzuweihen. Als Mitglieder des *Allgemeinen Märkischen Touristen-Bundes* waren sie einem Aufruf ihrer Vereinszeitung *Die Mark* gefolgt und hatten reichlich Geld gespendet. Ein Kinderchor sang. Feierliche Reden wurden gehalten, dann die Bronzetafel an einem imposanten Findling enthüllt. Von der Höhe einer Feldsteinpyramide blickte nun stolz das Antlitz des Dichters Willibald Alexis auf seine Anhänger herab.

Der Ort des Denkmals hatte nicht nur mit seiner Nähe zum alten Forsthaus zu tun, in dem der Dichter an der Seite seiner jungen Frau oft zu Gast beim Schwager weilte, sondern mehr noch mit seinem wohl berühmtesten Roman *Die Hosen des Herrn von Bredow*. Hieß es nicht dort, die Burg des Ritters Götz von Bredow, *Hohen-Ziatz,* habe unmittelbar am Mittelsee, also unweit des Denkmals gestanden? Geschichtsbeflissenen sei verraten: Nach Mauerresten sucht man vergeblich. Die Burg ist Fiktion, nicht aber die Landschaft, die der Dichter wie kein Zweiter beschrieb. Hier, in den sumpfigen Niederungen am Fließ des Mit-

telsees, am Gohlitzsee oder am Emstaler Schlauch könnte das große Waschen der Rittersfrau Brigitte von Bredow stattgefunden haben.

„Der Winter ist ein weißer Mann", pflegt sie zu sagen. *„Wenn er ans Tor klopft, muß das Haus auch weiß und rein sein, daß der Wirt den Gast mit Ehren empfangen mag."* Darum zieht sie einmal im Jahr mit dem ganzen Gefolge hinaus auf die Wiesen, um noch das letzte Hemd, das letzte Stück Tisch- oder Bettleinen zu schrubben, daß es eine Freude ist. Einmal wagt sie Verwegenes: Dem Hausherrn, der wieder einmal nach der Rückkehr vom Reichstag seinen Rausch ausschläft, stibitzt sie die ledernen Hosen – ein Erbstück seit Generationen –, um sie endlich einmal gründlich zu säubern. Aber nicht zu unrecht gilt der Ort als verhext. Ein Hausierer stiehlt die Hosen von der Leine und beschwört eine große Krise herauf, in deren Folge der Junker von Bredow fast zu Unrecht wegen Raubritterei hingerichtet wird. Im mystischen Dunkel der Erzählung tummeln sich Geister und Kräuterweiber, Raubritter und wilde Gesellen, während vom nahen Kloster die Gesänge der Mönche herüberwehen. Die

DEFA verfilmte die Geschichte um den verarmten Ritter von Bredow und trug damit auch zur anhaltenden Popularität des Romans bei. Doch die Früchte eines überaus produktiven Dichterlebens sind heute samt und sonders vergessen. Wer kennt (und liest) schon noch die Romane *Dorothee*, *Isegrimm*, *Ruhe ist die erste Bürgerpflicht*, *Der Werwolf*, *Cabanis*, *Roland von Berlin* und *Der falsche Woldemar*?

Willibald Alexis war nicht einmal ein echter Märker. Er kam am 29. Juni 1798 in Breslau als Georg Wilhelm Heinrich Häring zu Welt und war Abkömmling einer hugenottischen Flüchtlingsfamilie aus der Bretagne mit Namen Harenc. Als freiwilliger Jäger beteiligte er sich 1815 an den Befreiungskriegen gegen Frankreich. In Berlin und Breslau studierte er die Rechtswissenschaft, aber schon als Kammergerichtsreferendar gab er die Juristerei auf, um Schriftsteller zu werden. Als einer der Begründer des realistischen historischen Romans war er schließlich überaus erfolgreich.

Die Bronzetafel zeigt ihn im Alter von 43 Jahren, auf der Höhe seines Schaffens. Das Denkmal liegt abseits des Weges von Lehnin nach Rädel, vor dem Eingang des Waldfriedhofs, und kehrt dem Wanderer den Rücken zu. Doch wenn die Sonne ihr Streiflicht über das Metall gleiten läßt, treten plötzlich die markanten Gesichtszüge des Dichters hervor, als wolle er uns ermuntern, doch noch einmal genauer zu suchen nach der Burg seines Götz von Bredow und dem Waschplatz, wo er die ledernen Hosen verlor.

Zufluß zum Mühlenteich

Die Brautpforte an der Nordseite der Kirche

Die romanische Apsis

Dachfenster des Elisabethhauses

Cecilienhaus und Kirche

Die wiedererstandene Klausur

Östlicher Kreuzgang

Durch schwere Zeiten

April 1945. Berlin und die umliegenden Orte erbeben im Bombenhagel. Die Rote Armee rückt immer näher auf die Hauptstadt vor. Ein unüberschaubares Heer von Flüchtlingen verläßt die ausgebombten und verwüsteten Städte im Osten, auf der Suche nach einem sicheren Ort, nach Nahrung und medizinischer Versorgung. Auch in Lehnin treffen Flüchtlingsströme ein, suchen Verwundete Hilfe. Nachdem das Hubertus-Krankenhaus in Berlin-Schlachtensee schwer getroffen wurde, ziehen die Schwestern von dort nach Lehnin, wo ein Ausweichkrankenhaus geschaffen wird. Hier stehen sieben Baracken leer, gebaut von einer ganz anderen Institution: Der Generalbevollmächtigte Chemie, der die Kriegswirtschaft und die Interessen von Wehrmacht und SS koordinierte, hatte seit 1943 im Stift mehrere Gebäude belegt und zusätzliche Baracken errichtet. Von hier aus wurde unter anderem auch der Einsatz von KZ-Häftlingen in der kriegswichtigen Industrie gesteuert. Als endlich das Ende des Terrorregimes nahte, verließen die Beamten fluchtartig das Stift, nachdem sie alle Akten vernichtet hatten. Erst bei der Wiederherstellung des Innenhofes der Klausur wurde dort ein Splittergraben entdeckt, den die Nazis zu ihrem Schutz gegraben hatten.

Über 180 Patienten aus Potsdam, Brandenburg und von unterwegs liegengebliebenen Krankentransporten werden in den leerstehenden Baracken untergebracht.

Was als Provisorium geplant war, entwickelt sich zur Dauereinrichtung, dient kurzfristig auch als Lazarett für die Soldaten der roten Armee und der deutschen Wehrmacht. Die Ernährungslage ist schlecht, die Versorgung mit Medikamenten katastrophal. Ständig treffen neue Flüchtlinge ein, die ernährt werden müssen. Wer heute die idyllische Ruhe genießt, denkt nicht an die dramatischen Monate des Kriegsendes.

Mit den Jahren wurde das Luise-Henrietten-Stift zum bedeutendsten Gesundheitszentrum der Gegend. In der DDR vom damaligen System argwöhnisch beobachtet, war die segensreiche Arbeit der Diakonissen, der Ärzte und Krankenschwestern doch anerkannt. Als 1955 das 775jährige Bestehen des Klosters gefeiert wurde, verstand man die Festwoche zwar noch als *Kampfmittel gegen die Kriegs-*

bestrebungen westlicher Imperialisten, aber fünfundzwanzig Jahre später berichtete die *Neue Zeit* unter dem Titel *Der Tradition bewußt – dem Nächsten zugewandt* recht sachlich über Geschichte und Gegenwart des Lehniner Klosterstifts.

Hatten nicht schon die Zisterziensermönche hier im *Königshaus* ein Spital unterhalten und damit das Fundament gelegt für den Dienst am Nächsten? Heute hat sich die Arbeit zu hoher Bedeutung entwickelt: Diakoniestation und Krankenpflegeschule, Klinik für Geriatrie und Kindertagesstätte, ein neu errichtetes Altenhilfezentrum, Projekte zur Betreuung von Kindern und Jugendlichen, aber auch für Generationenübergreifendes Wohnen, betreute Altenwohngemeinschaften in der historischen Mühle im benachbarten Golzow und der alten Posthalterei in Lehnin. Außerdem eine chirurgische Klinik und eine innere Abteilung, darüber hinaus ein enger Verbund zwischen allen Kliniken, um die Patienten stets ihrem Zustand gemäß behandeln zu können – das Luise-Henrietten-Stift Lehnin ist mit über 400 Mitarbeitern inzwischen auch der größte Arbeitgeber der Region.

Über allem aber schwebt immer noch ein Hauch von Geschichte. Der Faden in die Vergangenheit ist niemals gerissen. Aus Theodor Fontanes romantischen Ruinen wurde ein historischer Schauplatz mit beeindruckender Gegenwart.

Wenn heute in der St. Marien-Klosterkirche im Rahmen der *Lehniner Sommerkonzerte* geistliche Chormusik erklingt, ist die Vergangenheit sinnlich spürbar. So kann die Erinnerung an die zwölf Mönche nicht verblassen, die sich vor mehr als achthundert Jahren mit ihrem Abt Sibold in die Wildnis wagten, um ein Zentrum des Glaubens und der Nächstenliebe zu gründen. Wir stehen beeindruckt vor den steinernen Zeugen.

Die Klosterkirche St. Marien

Zeittafel

1180	Markgraf Otto I. stiftet ein Kloster in der Zauche
1183	Die ersten Mönche mit ihrem Abt Sibold treffen aus Sittichenbach bei Eisleben ein
1234	Gründung des ersten Tochterklosters Paradies
1258	Gründung des Tochterklosters Mariensee am Parsteiner See
	(1273 nach Chorin verlegt)
um 1260	Vollendung der Klosteranlage
1262	Einweihung der Klosterkirche durch den Erzbischof von Magdeburg
1299	Gründung des Tochterklosters Himmelpfort
1319	Tod des Markgrafen Waldemar, Ende der Zeit Lehnins als Hausklausur der Askanier
1450	Die Äbte erhalten die Bischofswürde
1509	Der letzte Abt Valentin übernimmt die Führung des Klosters
1539	Kurfürst Joachim II. führt die Lehren der Reformation in der Mark Brandenburg ein
1542	Auflösung des Klosters durch Joachim II.
1618-1648	Dreißigjähriger Krieg, starke Verwüstungen in Lehnin
1642	Umbau von Teilen der Klausur zum kurfürstlichen Schloß für den Großen Kurfürsten
um 1680	Zweiteilung der Kirche für calvinistischen und lutherischen Gottesdienst
um 1770	Verfall des Klosters
1871	Beginn der Restaurierung
1877	Wiedereinweihung der Kirche St. Marien
1911	Begründung des *Luise-Henrietten-Stifts*
seit 1989	Umfangreiche Restaurierung der historischen Bauten und Modernisierung der Stiftseinrichtungen (Krankenhaus, Altenheim, etc.)
1993-1996	Neubau eines Altenhilfezentrums

Kunstobjekte am Klostersee

Literaturverzeichnis

Sello, Georg:
Lehnin – Beiträge zur Geschichte von Kloster und Amt, Berlin 1881

Jettmar, Joseph Bernhard:
Lehnin und seine Fürstengräber, Regensburg 1885

Rosstock, Albert:
Kloster Lehnin in Geschichte und Sage, Görlitz 1911

Schulze, Johann:
Lehnin, 750 Jahre Kloster und Ortsgeschichte, Bernburg 1930

Fontane, Theodor:
Wanderungen durch die Mark Brandenburg, Bd. 3, Das Havelland, München 1991

775 Jahre Lehnin, 29. Mai–5. Juni 1955, Eine Festschrift

50 Jahre Krankenhaus Lehnin: *Wie alles anfing*, aus: anStifter, Hauszeitschrift des Luise-Henrietten-Stifts, Sonderdruck, 1995

Bressgott, Klaus-Martin:
Kloster Lehnin, Berlin 1996

Schmidt, Oliver und Schumann, Dirk (Hrsg.):
Zisterzienser in Brandenburg, Berlin 1996

Pötschke, Dieter (Hrsg.):
Geschichte und Recht der Zisterzienser, Berlin 1997

Die Autoren und der Verlag danken
dem Luise-Henrietten-Stift Lehnin für viele interessante Hinweise und
die freundliche Unterstützung bei der Arbeit an diesem Buch.

Zwischen den Zeiten
Herausgegeben von Bernd Erhard Fischer

Die Deutsche Bibliothek - CIP-Einheitsaufnahme
Fischer, Bernd Erhard (Hrsg.):
Lehnin: Mit Pflug und Kreuz / Angelika und Bernd Erhard Fischer
Berlin: be.bra-Verl., 1998
(Zwischen den Zeiten)
ISBN 3-930863-43-X

© be. bra verlag GmbH, Berlin Brandenburg, 1998
Zehdenicker Straße 1, 10119 Berlin
Lektorat: Gabriele Dietz, Berlin
Gestaltung und Herstellung: Atelier Fischer mit Inga Gottlebe
Gesetzt in der Perpetua 11pt, Perpetua italic, 9 und 11,5pt
und in der Formata, 9,5pt
Reproduktion: Bildpunkt GmbH, Berlin
Druck: Messedruck Leipzig
Verarbeitung: Kunst-und Verlagsbuchbinderei, Leipzig
ISBN 3-930863-43-X